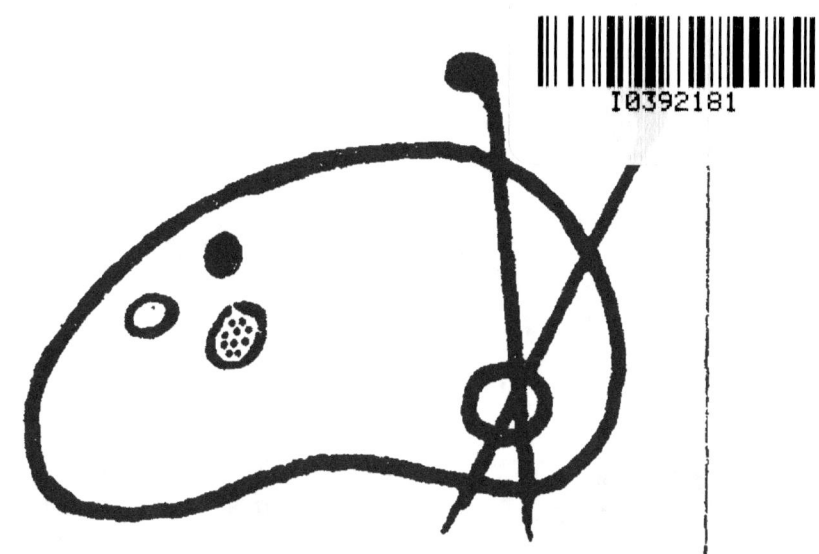

Début d'une série de documents
en couleur

# LES PEINTURES

## DE

# SIMONE MARTINI

## A AVIGNON

PAR

## M. EUGÈNE MÜNTZ

Membre résidant
de la Société nationale des Antiquaires de France.

Extrait des *Mémoires de la Société nationale des Antiquaires
de France*, tome XLV.

PARIS

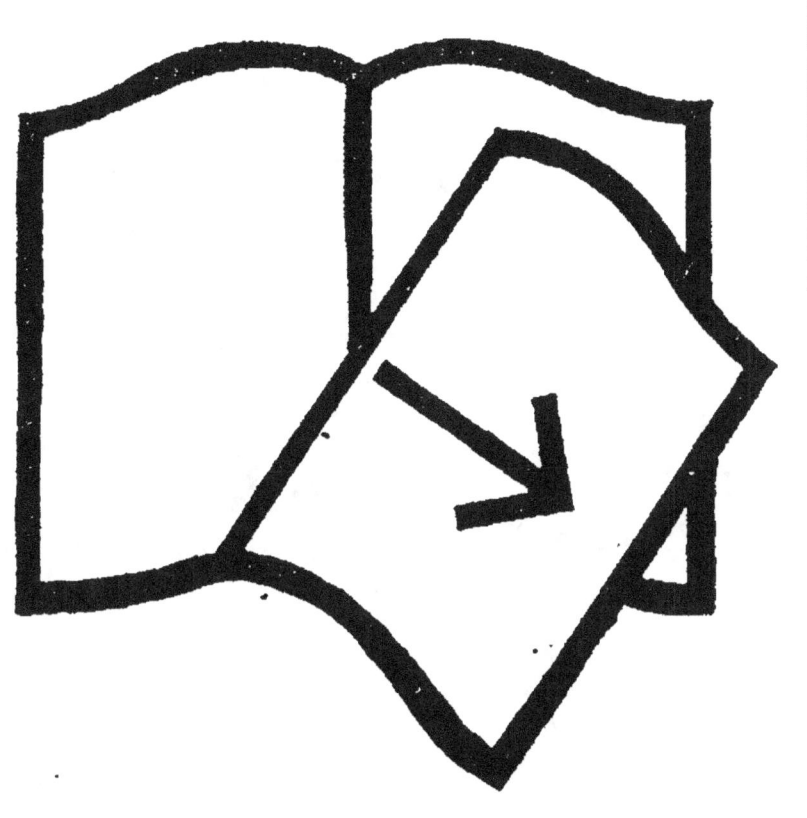

**Couverture inférieure manquante**

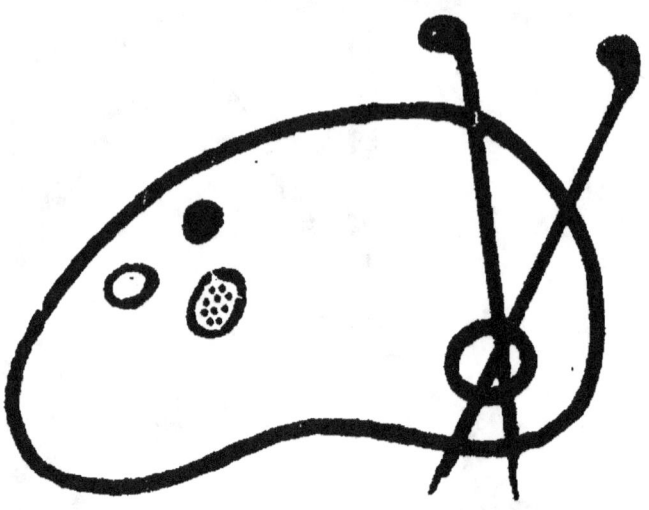

**Fin d'une série de documents
en couleur**

# LES PEINTURES

## DE

# SIMONE MARTINI

## A AVIGNON

### PAR

## M. EUGÈNE MÜNTZ

Membre résidant
de la Société nationale des Antiquaires de France.

---

Extrait des *Mémoires de la Société nationale des Antiquaires de France*, tome XLV.

---

## PARIS

# LES PEINTURES

DE

# SIMONE MARTINI

## A AVIGNON

Les fresques du Palais des papes, surtout celles des deux chapelles, ont fait l'objet d'une description détaillée dans la magistrale *Histoire de la peinture en Italie* de MM. Cavalcaselle et Crowe [1]. Les photographies que je viens de faire exécuter permettent de contrôler les attributions de ces deux savants. Mais, avant de passer à l'étude même du style de ces compositions, il importe de réunir et de discuter les textes que nous possédons sur l'histoire de la principale d'entre elles, les Prophètes de la salle du Consistoire [2].

1. Notre confrère M. Palustre a traduit ce travail dans le *Bulletin monumental*, 1874, t. XL, p. 665 et suiv.

2. L'auteur des fresques de la chapelle de Saint-Martial est Matteo di Giovanetto de Viterbe. (Voy. le *Courrier de l'Art* du 15 décembre 1881.)

On a longtemps attribué à Giotto les fresques, non seulement de la salle du Consistoire, mais encore de tout le palais pontifical, et même de Notre-Dame-des-Doms. Quelques témoignages anciens semblent en effet établir le séjour de l'illustre peintre florentin à la cour d'Avignon. Vasari déjà rapporte l'assertion d'un commentateur du Dante qui écrivait vers 1334 : « Fu et è Giotto intra li dipintori il più sommo della medesima città di Firenze, e le sue opere il testimoniano a Roma, a Napoli, a Vignone, a Firenze, a Padova, et in molte parti del mondo[1]. » Platina se borne à dire que Benoît XII « in animo habuit Jotum… ad pingendas martyrum historias conducere[2]. » François Albertini est plus affirmatif : « (Joctus) opera cujus per Italiam multis in locis extant, fuitque a Benedicto XI (sic) pont. max. in Avinionem ad pingendum martyrum hystorias accitus ingenti precio. Morte interveniente opus omisit[3]. » Il n'est pas jusqu'au *Libellus de præclaris picturæ professoribus*, de Jean Butzbach (1505), qui ne consacre cette tradition : « Artem proinde recentiori ævo Zelus (pour Jotus) quidam tempore Benedicti XI historias martyrum apud Avenionem ingeniosissime pingendo ad veterem rursus dignita-

1. Ed. Milanesi, t. I<sup>er</sup>, p. 257.
2. *Vitæ pontificum*, éd. de 1485.
3. *Opusculum de mirabilibus urbis Romæ veteris et novæ*; éd. de 1510, fol. 92. — Ce témoignage est le seul qu'ait connu M. Herman Grimm. (*Ueber Künstler und Kunstwerke*; t. II; Berlin, 1867, p. 203.)

tem reduxisse dicitur, quam et nostris temporibus et tu et plures alii neotherici pictores subtilissimi celebriorem faciunt [1]. »

Je ne m'arrêterai pas à discuter le témoignage de Vasari : MM. Cavalcaselle et Crowe n'ont, à cet égard, rien laissé à faire après eux.

Les dates ne s'opposent pas, à la rigueur, à l'hypothèse d'un séjour de Giotto à Avignon, sous le pape Benoît XII (1334-1342), le véritable fondateur du palais pontifical. L'artiste en effet ne mourut que le 8 janvier 1337 (nouveau style), et non en 1336, comme on l'a souvent rapporté. Mais il est certain que, parmi les peintures existantes, aucune ne provient de la main du maître florentin.

Le premier grand travail de peinture entrepris par l'ordre de Benoît XII fut la décoration de la chapelle située à côté de Notre-Dame-des-Doms, celle-là même où l'on vient d'installer les archives départementales. Les traces de couleurs sont encore fort apparentes dans la partie supérieure de la nef, mais il est impossible d'y distinguer ne fût-ce que les contours d'une figure. Les registres tenus par Pierre Poisson, l'architecte chargé de la direction des travaux, laissent entrevoir la richesse de ces fresques ; on y prodigua le carmin, le vermillon, l'azur le plus fin. L'ardeur déployée par le pape était extrême ; par moments jusqu'à vingt-

1. Voy. *Jahrbücher für Kunstwissenschaft*, publiés par A. de Zahn; t. II, Leipzig, 1869, p. 71

cinq peintres travaillaient simultanément à la chapelle.

J'ai pu recueillir les noms de plus de cinquante peintres attachés à l'entreprise, soit d'une manière fixe, soit à titre temporaire. Malheureusement l'orthographe fantaisiste du comptable ne permet pas toujours de reconstituer ces noms avec une entière certitude. Voici les principaux d'entre eux, rangés par ordre alphabétique de prénoms :

Aimo Lengles, 1335-1336, 2 sous par jour.

Alen Breto, 1336, 2 sous.

Alric. Voir Jac. Alric.

Antholan (?), 1336, 2 sous et demi.

Bartholomen de Marcela, 1336, 2 sous, peut-être identique à Berto, Bercio ou Bertro de Marcela.

Barto de Baune ou de Vaune, 1336, 2 sous.

B. Balassi, Balassu, Balofi ou Baloffe, 1336, 3 sous.

P. Boyer ou Boyet. Voir Perot Boyer.

Castros. Voir Perot de Castros.

Celhier. Voir Robi Scalier.

Gr. Costa, 1336, 3 sous.

Davis, 1336, 3 sous et demi. Cf. Joh. Davis.

Docho ou Dotho (?) de Senha (Sienne), 1336, 2 sous et demi et 3 sous.

Domeng, Domenig ou Domens (Dominique) de Bellona, 1335-1336, 3 sous.

Duran del Puey, 1336, 2 sous.

P. Engleis, Hengles ou Lengles, 1336, 2 sous.

Felip ou Phelip, 1336, 3 sous 3 deniers et 4 sous.

Friac. Voir Peyrot de Friac.

Geli de Font ou de la Font, 1335-1336, 2 sous.

P. Gibert, 1336, 2 sous.

Girard, 1336, 2 sous.

G. Gregori ou Goregori, 1335-1336, 2 sous.

Guast. Voir Jac. Guast, 1336, 2 sous.

Guirant (?) Raysa, Rayssa ou Raycha, 1335.

Jac. Alric, 1336, 1 sou et demi.

Jac. Guast, 1336, environ 1 sou 3/4.

Jacques Hengles.

Jaco. de Nichola, 1336, 2 sous et demi.

Jacomo Petit, Jacomin ou Jacomi, 1335-1336, 1 sou, puis 2 sous.

Jac. Raysa, 1336, 2 sous. Cf. Guirant Raysa.

Joh. Bertran, 1336, 2 sous et demi.

Joh. de Castelleri, 1336, 3 sous.

Joh. de Carnali, Cornali ou Cornilho, 1336, 1 sou et demi.

Joh. Davis, 1336, 1 sou et demi.

Joh. Delbon ou Dalbon, 1335-1336, 3 sous et demi, puis 4 sous.

Joh. Fromagge, 1336, 2 sous.

Joh. Galhard, Galhart, Galart ou Galair (?), 1336.

Joh. Lecoc ou Lecoq, 1335-1336, 2 sous, 18 deniers.

Joh. Raysa, 1335, 2 sous. Voir aussi Guirant et Jac. Raysa.

Lancelino, 1336, 2 sous.

Lecorsan de Mar, 1336, environ 1 sou 3/4.

Manet, Menet ou Mono Raynier ou Reynier, 1336, 2 sous.

Masset. Voir Peyro Masset.

Milo ou Milho Veyrier, ou Milo tout court, 1336, 2 sous.

P. Miquel, 1336, 2 sous et demi.

Nicholau (?) d'Albona ou d'Ambona, 1336, 2 sous et demi.

Perot Boyer ou Boyet, 1336, 2 sous.

Perot de Castros, 1335-1336, 2 sous.

Peyrot de Friac ou Fryac (?), 1336, moins d'un sou.

Peyro de Lipo, 1336, 1 sou.

Peyro Mascet ou Masset (?), 1336, 2 sous.

Petit. Voir Jacomo Petit.

Phelip. Voir Felip.

Phelipot de Celo, ou Celho ou Selo, 1336, 2 sous.

Raynaut (?), 1335-1336, 1 sou et demi et 2 sous.

Raysa. Voir Guirant (?), Jaco., Joh., et Simonet Raysa.

Reynier. Voir Manet Reynier.

Robi de Romas, 1335-1336, 2 sous.

Robi Scalier ou Celhier (?), 1335, 2 sous.

G. Scot, 1336, 2 sous et demi.

Symo ou Symonet de Leo (Lyon), 1335-1336, 2 sous.

Simonet Raysa, 1336, 2 sous et demi. Voy. Raysa.

Thorolino, Torolino, Tolerino ou Tolorino, 1335-1336, 1 sou et demi.

Veyrier. Voir Milo Veyrier.

Etc.

Le salaire de ces peintres, parmi lesquels on compte certainement plus d'artisans que d'artistes, variait depuis un sou, et même moins, jusqu'à 3, voire 3 sous et demi et 4 sous par jour. Cette haute paye était réservée à quatre ou cinq personnages, qualifiés de « maîtres » : Jean Dalbon, Davis, Dominique, Philippe.

Des peintres attachés à la décoration du palais de Sorgues [1], nous ne retrouvons guère que Jean Dalbon ou Delbon, Guirandus et Philipotus (Celo?).

La rapidité avec laquelle Benoît XII sut mener à fin les travaux de la chapelle attenante à Notre-Dame-des-Doms et ceux du palais papal proprement dit tient du prodige. Dès 1339, la peinture de l' « aula » avait déjà besoin de restauration. Un document du 10 décembre de l'année en question nous montre Johannes Dalbus ou Dalbo, l'un des peintres favoris de Jean XXII, occupé à ces travaux : « Johanni Dalboni pictori pro salario ejusdem de IIII dietis quibus fuit in aula domini pape reparando picturam, et pro quibusdam coloribus per eum emptis ad depingendum studium

1. Voir les *Mémoires de la Société des Antiquaires*, 1881.

domini nostri, videlicet pro verdeto et pro salario
unius diei cujusdam hominis qui posuit colores in
dicto studio. Et pro XXIIII scalettis domini nostri
per ipsum depictis et pro II cathedris domini nostri reparandis, in summa pro predictis omnibus
III flor. auri, II s. monete currentis[1]. »

Dans les registres que j'ai pu consulter jusqu'ici
le nom de Simone di Martino (faussement appelé
Simone Memmi), le grand émule siennois de
Giotto, n'est pas prononcé une seule fois. Le
séjour de ce maître éminent à la cour pontificale
est cependant établi par les textes les plus formels.
Le 8 février 1339 (n. st.) le recteur de l'église
Sant' Angelo ad Montonem, de Sienne, donne pro-
curation à Simone di Martino et à son frère Donato
pour le représenter auprès du pape; le 5 mai
1344, il est question de lettres de change payées par
Simone « in chorte di Papa » pour le compte de
ses concitoyens de Sienne. Enfin, le 4 août 1344,
le nécrologe de l'église Saint-Dominique de Sienne
enregistre comme suit le décès du maître : « Ma-
gister Simon pictor mortuus est IN CURIA[2]. » Le
décès eut lieu très probablement au mois de juil-
let 1344 (le testament de Simone porte la date du
30 juin de la même année).

Vasari, pour cette période déjà lointaine, ne
nous apporte guère que des informations contra-

1. Archives secrètes du Vatican.
2. Ces témoignages et différents autres se trouvent dans les
*Documenti per la storia dell' arte senese*, de M. Milanesi, t. Ier,
p. 216, 218-219, 243-245.

dictoires. A deux reprises différentes, il s'est occupé du séjour de Simon dans le Comtat Venaissin : « Simone fu chiamato in Avignone alla corte del papa con grandissima istanza : dove lavorò tante pitture in fresco e in tavole, che fece corrispondere l'opere al nome che di lui era stato là oltre portato. » Ailleurs le biographe nous dit que Simon, « si dilettò molto di ritrarre di naturale; ed in ciò fu in tanto tenuto il miglior maestro de' suoi tempi, che il signor Pandolfo Malatesti lo mandò insino in Avignone a ritrarre messer Francesco Petrarca, a richiesta del quale fece poi con tanta sua lode il ritratto di Madonna Laura[1]. »

Les auteurs anciens font tous honneur à Clément VI de la construction de la salle d'audience, autrement dite salle du Consistoire : « Hujus tempore incœptum fuit palatium novum cum audientia magna, et capella, atque turribus, et quasi completum, nec non magna turris, quæ postmodum cremata extitit. » — « Adhuc pontifex iste, casus mundi considerans, ante prædictum Benedictinum palatium aliud valde mysteriosum et pulcrum et capellam amplissimam, nimiumque decoram, sub qua modo caussarum et contradictoriarum audientiæ tenentur, a fundamentis grossissimis fecit ædificare[2]. »

1. Ed. Milanesi, t. Ier, p. 547, 559, 560.
2. Baluze et Muratori (R. I. S.), t. III, 2e partie, p. 568, 581. Cf. p. 580.

Les pièces comptables, toutefois, font mention de la construction du « Consistorium » ou de l' « Audientia, » longtemps avant l'avènement de Clément VI. Il nous suffira de choisir parmi ces témoignages, qui sont fort nombreux.

« Anno domini M CCC XXXVII°, die jovis que fuit secunda dies mensis Januarii Eguo (sic) Petrus Piscis feci operari in muro CONSISTORII et in egredario (sic) que (sic) est juxta turrim per quam homo ascendit ad viridarium et projiciendo terram et cavando ripam in dicto mense januarii in quo fuerunt XXIII dies operantes. — N° 160, fol. 4. »

1337. 20 novembre. Petro Ganterii fusterio de Avenione, qui pro precio L lb. cor. coperire debet de fusta caput coretorii quod est versus AUDIENCIAM ac operare, solvimus eidem XL flor. auri. — 1337, fol. 87 v°. »

1326. 25 septembre. Guillelmo Salvi pro removenda terra a porta majore introitus usque ad sacristiam ante CONSISTORIUM solvimus X fl. — N° 165, fol. 42 v°. »

« 29 septembre. Item solvimus Rudo (?) Bansani pro se et suis sociis qui debent destruere cameram super CONSISTORIUM et mundare pro precio LX flor..... — Ibid., fol. 43. »

« 1er octobre. Pro faciendo fundamento aule a capite versus coquinam usque ad consistorium ante latrinas XXX flor. et pro destruendis hospiciis que erant inter coquinam veterem et consistorium et aliis hospiciis que sunt extra usque ad tinellum parvum ubi dominus noster consuevit comedere excepta sacristia LXIII flor., VI s., VI d..... N° 470, fol. 94. »

1338. 10 octobre. Die x octobris facto computo cum J. Mace(?), Bertrando Gatfuer et Petro de Lunello(?) qui debent facere muros concistorii novi, capelle et turris que sunt a parte viridarii ad racionem II flor. cum dimidio pro canna quadrata muri dictorum con istorii et turris et II flor. minus quarto pro canna quadrata muri capelle computatis M VIII° L flor. quos habuerunt a die prima januarii citra et CL flor. quos hodie tradidimus eisdem, solvimus II^m flor. Eadem die Galterio Vial pro fractione secunde porte et passatorio desuper ac etiam gardarauba contigua super portam consistorii ad racionem XIX flor. solvimus IX flor., v s., habuerat x flor. minus v s., et sic habuit XIX flor. — *Ibid.*, fol. 94 v°. »

1339. Die XVIII dicti mensis (marcii) soluti sunt : Pon. (?) Ginoci, Bernardo Gafuer, Jacobo Gasqui, Henrico de Montepessulano, et Rudo (?) Duranti magistris lapidum pro factura LXXXVI cannarum et III palmorum de pilaribus et arcubus claustri palatii dni pape a parte CONSISTORII et viridarii dni pape ad rationem I flor. auri pro canna qualibet. Item et pro factura quinque cannarum et v palmorum cum dimidio cujusdam archus cum pilori et boquetis desuper contiguis cappelle dni pape subtus sacristiam, ad rationem unius floreni auri cum dimidio pro canna qualibet, LXXXXIIII flor. auri, XII sol., de qua summa solvit prenominatis magistris dnus Avinionensis Episcopus XL flor. et dnus Jacobus de Broa, LIIII flor., XII s. monete currentis. — Reg. 178, fol. 199 v°. »

« Die XX mensis marcii soluti sunt Bertrando Tornii (?) et Raimundo (?) Bansani de resta, LX flor. auri quos debebant habere a Camera pro diruendis parietibus CONSISTORII antiqui palacii domini pape a parte viridarii ipsius domini nostri. — X flor. auri. — Ibid., fol. 100. »

« 1342. 6 février. Item pro XV cadaulis (?) positis in fenestris camere magne juxta consistorium inferiorem (sic) VII s., VI d. — Ibid., fol. 18 v°[1]. »

Si la date de la construction de la salle ou plutôt du palais du Consistoire donne lieu à des doutes, celle de sa décoration ne soulève pas la moindre incertitude : c'est sous Clément VI qu'ont été exécutées les fresques qui ont longtemps fait sa gloire. Une biographie de ce pape, publiée par Baluze et après lui par Muratori[2], nous apporte à ce sujet un témoignage probant : « Consistorium insuper in alia parte per dictum praedecessorem suum multum solemniter aedificatum, quia remanserat tanquam tabula rasa, in qua nihil depictum

1. M. Paul Fabre, membre de l'École française de Rome, a bien voulu collationner sur les originaux ces documents dont la lecture donne lieu à plus d'une incertitude.

2. *Rerum italicarum Scriptores*, t. III, 2e partie, p. 560.

erat, miris picturis decoravit, et scripturis mira-
bilioribus adornavit[1]. In quo considerationem
habendo, quod locus ille solum ad justiciam pos-
cendam et reddendam deditus et ordinatus exis-
titit, in pingendo per pictorem hunc ordinem
voluit, et in propria descripsit observari : videlicet, quod divina Majestas in supremo throno
depicta, circumquaque literaliter effigies sancto-
rum et sanctarum, ac aliorum, qui in veteri vel
novo testamento aliqua notabilia in judicio, jure,
justitia et æquitate, aut veritate scripsisse vel
dixisse leguntur, pingerentur, et sub cujuslibet
effigie seu figura, aut in rotulis, quos suis gestare
videntur in manibus, sua dicta seu scripta super
præmissis aut altero eorumdem literis grossis et
legibilibus scriberentur, libros et capitula, in quibus continentur, rubeis literis designando. Quæ
omnia videntibus et legentibus non modicum pro-
ficere, eosque allicere debent, ut ab ipsis non
devient, sed potius ad eorum observationem
intendant. »

Aujourd'hui, le palais du Consistoire, divisé en
deux étages et en une demi-douzaine de salles ou
dortoirs, ne conserve pour tout ornement que
vingt figures de prophètes ou de sibylles, peintes
à fresque sur un fond bleu constellé (salle dite du
Saint-Office). Ces figures, toutes nimbées d'or,
représentent, à droite, Ézéchiel, Jérémie, Isaïe,

1. L'auteur veut probablement parler des maximes, des
sentences, qui complétaient les représentations plastiques.

Moïse, Abdias, Michée, Nahum, Malachie, Habacuc, Anne, mère de Samuel ; à gauche, Énoch, Job, Salomon, David, Daniel, Osée, Amos, Sophonie, Johel et une sibylle. Tous les personnages sont placés, dans les attitudes les plus variées, sur de petits nuages se détachant sur un fond bleu, parsemé d'étoiles d'or. Leur costume se distingue par une extrême richesse ; l'un — Moïse — porte un manteau bleu, à doublure rouge, d'autres des étoffes brochées d'or, couvertes d'ornements.

L'artiste, on peut s'en convaincre par la planche jointe à cette notice, a recherché avant tout les têtes à caractère, les attitudes dramatiques, les effets de draperies, se profilant avec une netteté parfaite sur le fond de la composition. L'énergie des expressions l'emporte à ses yeux sur la noblesse des types ; il aime mieux frapper que charmer. La vulgarité, la laideur même n'ont rien qui le fasse reculer. On comprend dans une certaine mesure que M. Palustre, en désaccord sur ce point avec MM. Cavalcaselle et Crowe, se refuse à reconnaître dans les prophètes l'œuvre du tendre peintre de Sienne[1], dont le porche de la cathédrale avignonnaise nous offre une si suave composition.

La fresque de la salle du Consistoire faisait partie d'un ensemble très considérable. Le sujet principal, dit M. Joudou, « était le *Jugement dernier* ; ensuite venait un Christ sur la croix, entouré de

---

1. *De Paris à Sybaris*, Paris, 1868, p. 24.

Pl. II.

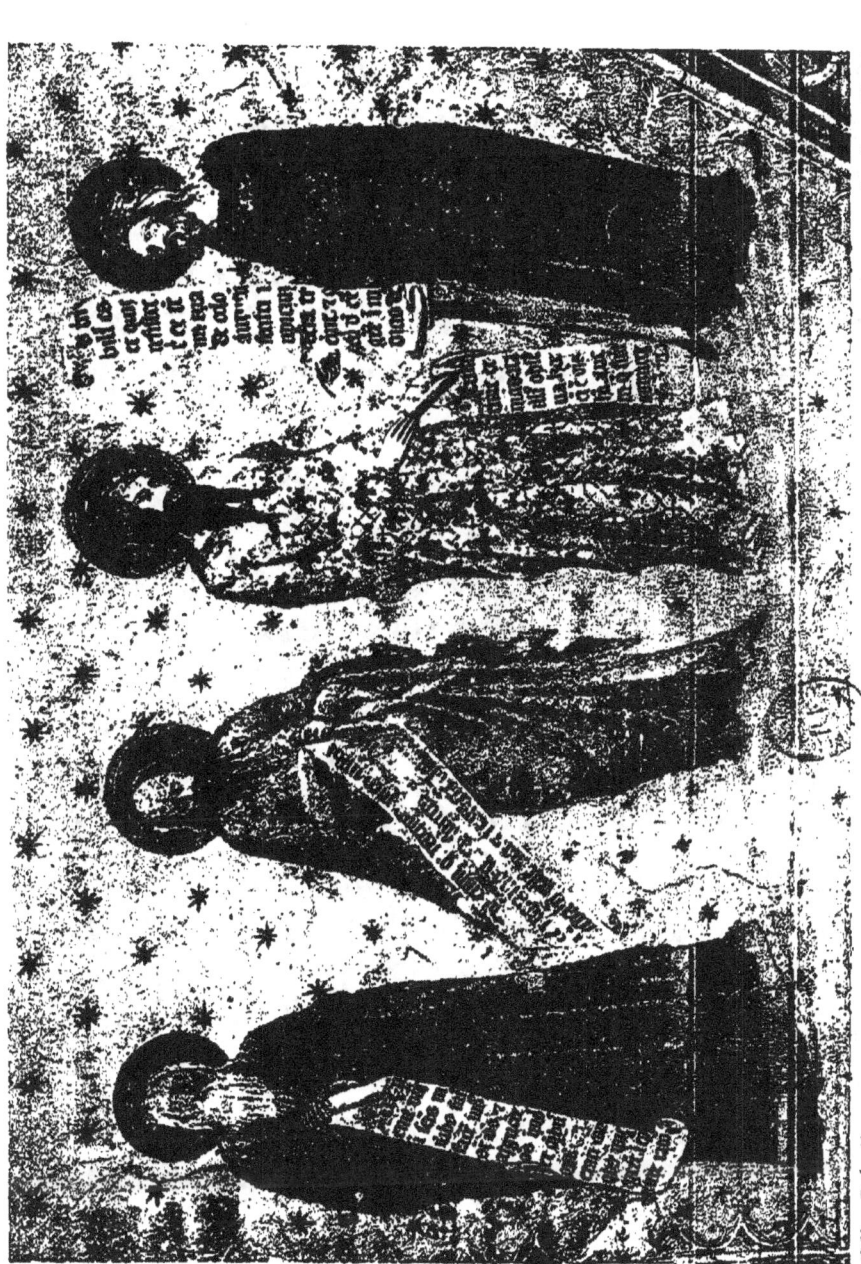

Héliog. Dujardin

Imp. Dumas Vernet

LES PROPHÈTES DE LA SALLE DU CONSISTOIRE, AU PALAIS DES PAPES À AVIGNON

Fragment

quatre docteurs de l'Église, peints entre les deux fenêtres. Autour du Jugement dernier régnaient deux rangées perpendiculaires de figures qui lui servaient d'encadrement en s'élevant jusqu'à la voûte, placées qu'elles étaient les unes sur les autres. Ces personnages étaient des prophètes et des apôtres, tenant des phylactères dans leurs mains, sur lesquels se lisaient les maximes de l'Ancien et du Nouveau Testament. On ne voit plus aujourd'hui de toutes ces peintures que quelques prophètes [1]. »

On nous excusera de glisser, à cette occasion, sur les inqualifiables actes de vandalisme commis dans notre siècle par les autorités militaires chargées de veiller à la conservation du palais pontifical, ce monument unique de l'art du xiv° siècle. L'un, en 1817, « encourage les mutilations par l'achat à ses soldats des têtes et des mains qu'ils parviennent à détacher des murailles. L'autre, en 1836, achève de détruire la grande composition qui couvrait le fond de la salle du Consistoire en la coupant par des voûtes. Vers 1856, les appropriations faites à la succursale de l'ancien hôtel des Invalides, pour le convertir en pénitencier militaire, font disparaître deux grandes compositions murales du xv° siècle, qui décoraient l'an-

1. Essai sur l'histoire de la ville d'Avignon, Avignon, 1833, p. 395.

2

cienne chapelle de Saint-Pierre de Luxembourg. »

Le vandalisme d'officiers, qui pouvaient à la rigueur se justifier en disant qu'ils n'étaient pas archéologues, a eu pour pendant l'incurie incroyable des savants avignonnais de l'ancienne génération. Pas un d'entre eux n'a pris la peine de nous conserver, si ce n'est par un dessin, du moins par une description, le souvenir de tant de merveilles aujourd'hui irréparablement perdues [1]. La première notice, tant soit peu détaillée, sur le palais des Papes, date de l'année 1884 : je me flatte que les recherches auxquelles je me livre depuis cinq ans, sur l'histoire des arts à Avignon, n'ont pas été étrangères à sa publication.

La décoration de la salle du Consistoire était loin d'être terminée à la mort de Simone di Martino. On y travaillait encore en 1346. A cette date, le peintre Matteo di Giovanetti de Viterbe, le successeur attitré de Simone [2], y exécutait des fresques, dont le sujet n'est malheureusement pas spécifié :

1. Il y aurait de l'ingratitude à ne pas rappeler ici que c'est à un artiste parisien éminent, M. Alexandre Denuelle, que l'on doit les copies en couleurs et les calques des fresques du Palais des Papes et de Notre-Dame-des-Doms. M. Denuelle se proposait de publier ce vaste travail, auquel il avait consacré de longues années, quand la mort est venue le surprendre. Je me plais à rappeler que c'est sur ses instances que j'ai commencé, en 1879, mes recherches dans le fonds d'Avignon, conservé aux Archives secrètes du Vatican.

2. Voy. le *Courrier de l'Art* du 15 décembre 1881.

« 1346. 24 novembre. Item (Matheus Johanneti de Viterbio) computat pro opere consistorii et tabularum altari (sic) domini nostri pape prout sequitur : Et primo computat operasse in dicto opere a die XXIX mensis Maii proxime et immediate preteriti usque ad X diem presentis mensis novembris tam pro dietis suis quam operariorum suorum in summa CCLXIII lbr., VII s. parve [monete]. »

« Item computat solvisse et expendisse in diversis coloribus ad opus dictorum operum per eum emptis, contentis plenius et specificatis in dicto libro suarum rationum, preter tamen azurio (sic) sibi per nos tradito, in summa LXXII lbr., II s., VIII d. — Intr. et Exit. 1346, folios 144 v°, 145. »

« 1347. Die XVIII mensis aprilis sequitur compotus brevis redditus per magistrum Matheum Johanneti pictorem domini nostri pape de picturis factis per eum in Consistorio palacii Avinion. in latere dicti consistorii ubi est coronatio et IIII summi pontifices [1], et etiam pro factura tabule altaris capelle dicti palacii a die XII mensis novembris proxime preteriti usque ad presentem diem presentis mensis aprilis, prout in quaterno rationum suarum per eum Camere assignato plenius continetur, in summa tam pro suis quam operariorum

---

1. Il s'agit sans doute des portraits des quatre premiers papes d'Avignon : Clément V, Jean XXII, Benoît XII et Clément VI.

suorum dictis LXXVIII lbr., XVIII s., X d. monete Avinion. Item computat expendisse pro dictis operibus in diversis coloribus per ipsum emptis, plenius in dicto quaterno, in summa X lbr., IIII s., IX den. Summa dictarum duarum summarum LXXXIX lbr., III s., VII den. Que pecunie summa fuit eidem soluta in LXXIIII flor., VII s., VII d., singulis florenis pro XXIIII s. computatis. — *Ibid.*, fol. 155 (n° 243). Cf. 1346-1353, fol. 125 v°.

Si la participation de Simon de Sienne à l'exécution des fresques du Consistoire reste problématique, il ne semble point permis, par contre, de révoquer en doute l'authenticité des fresques de Notre-Dame-des-Doms. Tout y proclame la main de ce peintre tendre et sublime, le Fra Angelico du XIV° siècle : la tendresse qui éclate dans les traits de la Vierge, l'élan avec lequel les anges s'approchent de leur souveraine, le charme du coloris. Comme dans la salle du Saint-Office, les figures se détachent sur un fond bleu ; là où la couche de couleur supérieure est tombée, on distingue les traits rouges dont l'artiste s'est servi pour esquisser ses figures sur la muraille ; ces traits sont d'une rare élégance, et révèlent la science consommée de Simone. Le type de la Vierge, aux cheveux blonds, flottants, est bien celui de l'École siennoise : le visage assez large, avec le menton un peu bas, est d'une douceur inexprimable. Le nimbe d'or, à rayons, avec un léger relief, rappelle celui des fresques d'Assise. Malheureusement la tête de la Vierge est seule encore distincte : celle du donateur est devenue méconnaissable; quant aux anges, il n'en reste que des fragments. Aussi tous mes efforts pour obtenir une reproduction photographique satisfaisante de ce morceau admirable sont-ils restés sans résultat.

La Vierge, entourée d'anges, orne la voussure du porche de Notre-Dame-des-Doms. Au-dessus d'elle, dans le fronton, Simone a peint le Christ émergeant des nuages et adoré par les anges. Jésus est représenté à mi-corps; il est vêtu d'une tunique bleue et d'un manteau rouge ; son visage, encadré par des cheveux et une barbe tirant sur le roux, se détache sur un nimbe crucifère[1]. Dans sa main on aperçoit le globe terrestre, avec des montagnes couvertes d'arbres. Aux côtés du Christ voltigent six anges, qui lui témoignent leur vénération par les gestes les plus touchants. Le coloris, d'une extrême délicatesse, comme dans l'image de la Vierge, se distingue par la prédominance des tons rouges. Quant à la conception, elle nous montre un de ces génies essentiellement

---

1. Le type du Christ d'Avignon offre la plus grande analogie avec celui du Christ peint par un anonyme de l'École de Sienne au Campo Santo de Pise, au-dessus de l'Assomption de la Vierge (Phot. Brogi, n° 2250).

lyriques, tels que l'École de Sienne, différente en cela des Florentins, en a tant compté. (Voy. la gravure ci-contre.)

On lisait autrefois, sous la fresque du tympan, cette inscription qui nous a été conservée par le marquis de Cambis-Velleron, dans ses *Annales d'Avignon*, manuscrit de la Bibliothèque Requien, au musée Calvet :

> Pictoris meraris (mirare) manus. Celeberrimus arte
> Mennius hoc magni munere duxit opus.
> Scilicet Annibalis fuit (sunt) hæc pia dona Secani [1]
> Vrnis (Hujus) sex lunæ cornua stemma docent [2].

Outre les fresques de la façade, Notre-Dame-des-Doms contenait autrefois une composition dont l'abbé Davers, chanoine de Saint-Pierre d'Avignon, nous a laissé la description suivante : « Le cardinal Annibal de Cecano fit peindre le portique de la cathédrale d'Avignon, qui est sous le titre de N.-D.-d.-D., par le fameux peintre Simon Memmius, l'an environ 1349. S. Georges y est représenté à cheval, armé, la lance à la main, perçant un dragon. On voit, à côté de ce saint, une jeune demoiselle, vêtue de vert, à genoux ; on prétend

---

1. Annibal Ceccano, créé cardinal en 1327, mourut vers 1350. Voy. Ciacconio, *Vitæ et res gestæ Pontificum romanorum*; éd. de 1677, t. II, p. 419-424.

2. Achard, *Notes sur quelques anciens artistes d'Avignon*; Carpentras, 1856, p. 5.

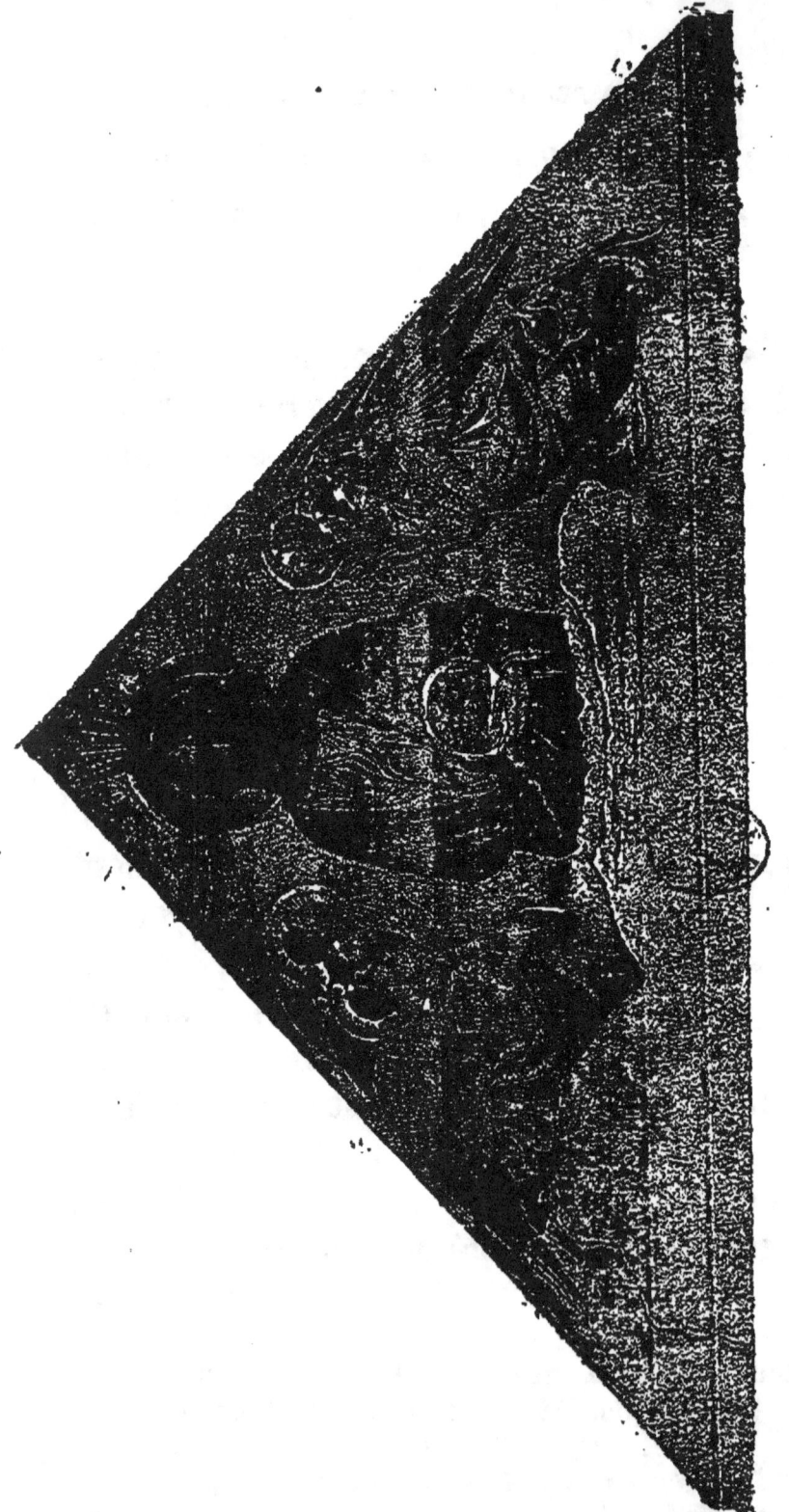

LE CHRIST BÉNISSANT LE MONDE.

Fresque de Simone di Martino, à la cathédrale d'Avignon, d'après un dessin de M. A. Denuelle.

que c'est la belle Laure. Il y a ensuite quatre vers
composés par le fameux poète Pétrarque, que j'ai
déchiffrés avec beaucoup de peine :

Miles in arma ferox, bello captare triumphum
Et solitus justas pilo transfigere fauces
Serpentis tetrum spirantis pectore fumum
Occultas extingue faces in bella Georgi [1].

Au commencement de notre siècle, la fresque
représentant saint Georges existait encore, quoique
fort dégradée, ainsi que l'atteste l'abbé Arnavon,
dans une brochure publiée en 1804 [2].

Décrivant la collection de Pierre Bembo, à
Padoue, l'auteur anonyme auquel nous devons la
précieuse *Notizia d'opere di disegno*, publiée par
Morelli (cet auteur semble n'avoir été autre que le
célèbre amateur vénitien Marc Antonio Michiel),
mentionne dans les termes suivants un portrait de
Laure de Noves : « El retratto de Madonna Laura
amica del Petrarca fu de mano de... tratto de una
Santa Margarita, che è in Avignon sopra un muro,
sotto la persona della qual fu ritratta Madonna
Laura [3]. »

Nul doute que la sainte Marguerite mentionnée

1. Della Valle, *Lettere sanesi*, t. II, p. 95.
2. *Pétrarque à Vaucluse, prince de la poésie lyrique italienne,
et histoire de cette fontaine*. Paris, an XIII. (« Dans cette
peinture qui est fort dégradée, Laure est représentée en
habit vert », p. xx, xxi.)
3. *Notizia d'opere di disegno*; éd. Morelli; Bassano, 1800,
p. 18, 19, 130; éd. Frizzoni; Bologne, 1884, p. 50.

par l'*Anonyme* de Morelli ne soit identique à la jeune fille délivrée par saint Georges : la présence du dragon, un des attributs de la sainte, aura provoqué cette confusion.

La jeune fille représentée sous le porche de N.-D.-des-Doms passe, on l'a vu, pour représenter Laure de Noves. Sans vouloir m'occuper ici des portraits de l'amante de Pétrarque [1], je crois devoir reproduire un passage intéressant d'une lettre relative à une peinture conservée, en 1506, soit à Avignon, soit à Vaucluse, et regardée comme l'effigie authentique de la belle Laure. La lettre, encore inédite, fait partie des Archives d'État de Florence (Fonds Strozzi) ; elle est écrite par Giovanni Rucellaï et adressée à Lorenzo Strozzi, à Venise.

« Dopo vari casi et peregrinazioni mi sono con-docto qui in Avignone con Bernardo, il quale sta benissimo. Siamo suti ricevuti da Lorenzo Strozzi tanto gratamente che più non si potrebbe dire : parmi essere in uno paese di promissione, abon-dantissimo d'ogni bene che si po desiderare in questo mondo, in modo che non bisognava man-cho mente ad ristorare el tempo passato.

« Infra l'altre cose mi trovo al riscontro ad una

---

1. M. Eugène d'Auriac a récemment consacré une étude développée et fort intéressante aux portraits de Pétrarque et de sa maîtresse ; il me suffira d'y renvoyer le lecteur : *Laure et Pétrarque. Étude iconographique.* Amiens, typ. Delattre-Lenoel, 1882. (Extr. de l'*Investigateur*.)

casa, la quale è del proprio sangue di che fu Madonna Laura del Petrarcha, dove infra l'altre gentili donne ve n'é una che agli occhi mia non apparse mai cosa si bella, né allei mancha altro di Laura che il nome, veramente in modo che e sonetti vanno attorno. E se io ti parrò al mio ritorno uno altro Petrarcha, non te ne marivigliare perch' amore è causa d'ogni cosa : et se è Idio, ut Platoni placet, non est mirandum se e fa miracoli, et maxime che qui mi sono leciti e baci, come costì li sguardi : ma li trovo quì d'uno sapore molto più suave che nelli altri luoghi. El nome suo si chiama Anna, per informarti di tutto. Se io havessi più tempo ti manderei qualche cosa in testimonianza di quello ti ho decto.

« Sono stato dove el Petrarcha compose la maggior parte dell' opera sua, et ho visto la effigie di Madonna Laura, che veramente è cosa bellissima et degna di essera amata da uno tanto come el Petrarcha. Ho voluto farla ritrarre da quella pictura per mandartela, ma non ci trovo huomo che sia acto a falla in quello modo disidero : pure credo mandartene una boza almeno secondo ne concedera la sorte.

. . . . . . . . . . . . . . .

« In Avignone, adi 13 di maggio 1506.

« Tuus Johannes Oricellarius.

« Fratri carissimo Lorenzo di Filippo Strozi in Venetia. »

(Archives d'État de Florence.)

Qui sait si la copie du portrait de Laure, conservée dans le cabinet de Bembo, à Padoue, n'est pas précisément celle que Jean Rucellaï se proposait de faire exécuter pour l'envoyer à Venise, à son ami Lorenzo Strozzi?

Nogent-le-Rotrou, Imprimerie DAUPELEY-GOUVERNEUR.